Género Obra de teatro

I0794288

Pregunta esencial

¿Cuáles son algunos de los motivos por los que la gente se muda a otro lugar?

Vamos a la ciudad

Marcela Villegas-Gómez
ilustrado por Gervasio Benítez

Acto 1

Una gran oportunidad

Personajes

CAMILO
ALEJANDRO *(hermano de Camilo)*
EMA *(mamá de Camilo y Alejandro)*
MARIANA *(amiga de Camilo y Alejandro)*
NIÑOS

Escena 1

Escenario *Es de mañana. Varias personas se saludan amablemente en la calle de una pequeña ciudad. Camilo y Alejandro salen de una casa. Ema, su madre, los despide. Camilo empuja con cuidado la silla de ruedas de Alejandro, quien lleva una pelota de baloncesto sobre sus piernas. De la siguiente casa sale Mariana.*

CAMILO: *(Despidiéndose de Ema)* Hasta pronto, mamá, nos vemos al medio día para almorzar.

ALEJANDRO: *(Guiñando un ojo)* ¡Tal vez, podrías prepararnos un delicioso postre de limón!

EMA: Hasta pronto, muchachos. *(Dirigiéndose a Mariana)* Hasta pronto, Mariana. *(Mariana se acerca a Alejandro y Camilo. Ema le habla a los tres).* ¡Diviértanse!

(Los tres se dirigen a la escuela. En el camino hay varios niños. Están acompañados de sus hermanos mayores o de sus padres).

MARIANA: *(Dirigiéndose a Camilo y en tono de gratitud)* Gracias por acompañarnos, Camilo. Alejandro es muy afortunado por tener un hermano mayor como tú. ¡Ojalá yo tuviera uno así! *(risas)*

ALEJANDRO: *(Riendo)* Gracias, Mariana. Se lo digo todo el tiempo. *(Con un tono de tristeza)* Voy a extrañarlo mucho ahora que se muda a la ciudad.

CAMILO: ¡Yo también te voy a extrañar!

MARIANA: Me alegra que vayas a vivir a la ciudad, pero me da un poco de tristeza saber que no voy a verte todos los días. *(Sonriendo)* Y, ¿es una decisión definitiva?

CAMILO: Sí, Mariana. ¡Es una excelente oportunidad! Mis jefes me premiaron por mi buen trabajo. Nunca me desanimé cuando había pocos clientes. Por el contrario, me dediqué a buscar nuevos compradores, fui visionario y la compañía tomó mucha fuerza. Por lo que ahora quieren que haga lo mismo en la ciudad. ¡Es un ascenso!

MARIANA: ¡Genial! Ahora eres muy importante.

ALEJANDRO: *(Emocionado)* Y Camilo me prometió enviar dinero para pagar mis clases de clarinete. Hace tres meses debí dejarlas porque eran muy caras.

MARIANA: Eso es estupendo. *(Hace como si tocara un clarinete)* ¡Por fin voy a tener un amigo clarinetista célebre!

CAMILO: *(Sonriendo con orgullo)* Estoy muy feliz porque Alejandro retomará sus clases y yo viviré en la gran ciudad.

ALEJANDRO: *(Con tono triste)* Voy a extrañarte. Tú siempre me acompañas. Además, me haces reír. *(Pensando)* ¿Quién va a jugar al baloncesto conmigo ahora?

MARIANA: Yo no juego tan bien como Camilo, pero puedo ayudarte a practicar aquí en la escuela; también puedo hacerte reír, ¿ves?

(Mariana hace una mueca de demente, mientras baila alrededor de Alejandro. Los tres se ríen a carcajadas).

ALEJANDRO: *(tratando de parar su risa)* Gracias, Mariana. Eres una muy buena amiga, siempre estás conmigo. Sin importar cuán triste esté, logras hacerme reír.

CAMILO: Niños, voy a contarles un secreto importante. *(Susurrando)* Cuando logre asentarme en la ciudad y viva en un apartamento cómodo, le pediré a mamá que se muden a vivir conmigo. ¡Vamos a vivir juntos en la ciudad!

ALEJANDRO y MARIANA: *(Gritando)* ¿Toda la familia?

CAMILO: Sí, niños, pero, por favor, no le cuenten a nadie. *(Susurrando)* Es un secreto. Quiero tenerlo todo listo antes de contárselo a alguien. Si mamá llega a enterarse ahora, creerá que soy un necio por tener esas ideas.

ALEJANDRO: *(Decidido)* No considero que sea una locura mudarse si te ofrecen un trabajo mejor.

MARIANA: Y, además, Alejandro podría estudiar en una excelente escuela de música, y tu mamá podría encontrar trabajo. Allá hay muchas floristerías que quizás necesitan a alguien con su experiencia. *(Con timidez)* También puedo visitarlos.

CAMILO: *(Con gran entusiasmo)* Claro que puedes visitarnos. Y ustedes me ayudarán a convencer a mamá cuando llegue el momento, *(con mirada de complicidad)* ¿cierto?

MARIANA y ALEJANDRO: *(Gritando)* ¡Por supuesto!

MARIANA: *(Observando el reloj)* Ya es hora. *(Dirigiéndose a Alejandro)* Si nos damos prisa, podemos practicar un poco de baloncesto antes de que empiecen las clases.

CAMILO: *(Dándoles a los niños un gran abrazo)* Hasta la tarde. Paso a recogerlos cuando sea la hora del almuerzo.

MARIANA y ALEJANDRO: *(Haciendo señas con sus manos mientras ingresan con rapidez a la escuela)* ¡Hasta luego!

Acto 2

¿Cómo es?

Personajes

CAMILO
ALEJANDRO
EMA
MARIANA

Escena 1

Escenario: *Camilo está dentro de un autobús. Tiene cara de tristeza. En la estación están Ema, Alejandro y Mariana despidiendo a Camilo con variados gestos y en medio de una noche tranquila llena de estrellas, bajo la tenue luz de la luna creciente.*

ALEJANDRO: *(Gritando mientras el autobús arranca)* No olvides que te pedí que me enviaras un correo electrónico todos los días. ¡Me debes contar todo lo que te pase!

(El autobús se aleja y desaparece. Ema, Alejandro y Mariana van recorriendo a pie la pequeña ciudad mientras conversan. Los tres tienen caras largas).

EMA: *(Con orgullo)* Camilo es muy inteligente, persistente y dedicado. *(Con un gran suspiro)* Por eso, tendrá muchos éxitos en esta nueva etapa que comienza.

ALEJANDRO: Yo tengo curiosidad por saber cómo son las cosas en la ciudad: los edificios, el tren subterráneo, los centros comerciales...

EMA: Es un lugar muy emocionante. Hay muchos lugares interesantes para visitar.

ALEJANDRO: *(Con gran entusiasmo y brillo en sus ojos)* Sobre todo, me gustaría saber cómo es un concierto de la Orquesta Sinfónica Nacional. Siempre he soñado con escucharlos en vivo, ¡debe ser algo maravilloso oír tocar a los mejores músicos del país!

EMA: *(Bostezando)* Ya tendrás oportunidad de que tu hermano te cuente eso y mucho más, Alejo. Por ahora vamos a dormir, todos hemos tenido un día muy largo.

(Ema, Alejandro y Mariana se detienen frente a la casa de Mariana).

MARIANA: Que tenga una buena noche, señora García. Hasta mañana, Alejandro. ¡Que descansen! *(Haciendo gestos de despedida mientras camina hacia la puerta de su casa donde la esperan sus padres).*

Detective del lenguaje Busca un pronombre personal y un pronombre demostrativo en esta página.

EMA: Hasta mañana, Mariana, y gracias por tu compañía hoy. Sin ti, despedir a Camilo hubiera sido aún más difícil para Alejandro. Eres una excelente amiga. ¡Dales a tus padres un saludo de mi parte!

ALEJANDRO: *(Despidiéndose con una gran sonrisa)* Que duermas bien, Mariana, y nos vemos mañana para ir a la escuela. Llevaré la pelota de baloncesto para que practiquemos un rato.

MARIANA: ¡Claro que sí! Hasta mañana.

(Mariana entra a su casa y Ema y Alejandro, a la suya).

Escena 2

Escenario: *Ema y Alejandro están sentados frente a una computadora; el niño escribe mientras su mamá lo observa.*

(Se oye el canto de los pájaros y el ladrido de un perro vecino. Alejandro lee en voz alta lo que ha escrito).

ALEJANDRO: No soy muy bueno escribiendo correos electrónicos. Tú tienes mucha experiencia en eso, mamá. *(Dirigiendo la mirada a la pantalla de la computadora)* Voy a leerte este correo para que me digas cómo te parece:

Querido Camilo:

Acá todos estamos muy bien, aunque un poco tristes. ¡Te extrañamos muchísimo! Mariana ha cumplido su promesa y me ha ayudado a practicar el baloncesto durante los recreos. A ambos nos va de maravilla en la escuela, y hemos estado preparando nuestro proyecto para la feria de ciencias de fin de año escolar. Y, ¿te cuento un secreto? considero que... ¡vamos a ganar un premio!

(Toma un poco de aire y continúa).

Como te imaginarás, tengo montones de preguntas sobre tu nuevo hogar en la ciudad. Aquí van: ¿vives en un edificio de apartamentos?, ¿queda cerca de una calle ruidosa o en un lugar tranquilo?, ¿tomas el tren subterráneo o un autobús para ir a trabajar?, ¿o puedes ir caminando? (Con una ligera sonrisa) Respóndeme pronto, por favor.

(Haciendo una ligera pausa)

Con cariño, de tu hermano menor,

Alejandro.

Escena 3

Escenario: *Alejandro y Mariana están frente a la computadora en la casa de Alejandro.*

ALEJANDRO: *(Con gran sorpresa)* ¡Mira, Mariana! Camilo me acaba de escribir.

MARIANA: ¡Por favor, léelo! Tengo curiosidad por saber cómo le va en la ciudad.

ALEJANDRO: *(Leyendo en voz alta)*

Querido hermanito:

Me alegra saber que las cosas están bien y que sigues practicando el baloncesto. Yo también los extraño. De mi apartamento, te cuento que está ubicado lejos de mi lugar de trabajo, por lo que debo tomar el tren subterráneo todos los días. El apartamento es muy grande y queda cerca de un parque muy bonito. ¡Te quedarías boquiabierto si lo vieses!

Y... sobre nuestro secreto, muy pronto podremos vivir todos aquí. Le escribiré a mamá para contarle estos nuevos planes. Ahora considero que no habrá problema en convencerla, ya que ella sabe que aquí todos podemos vivir cómodos y tú podrías estudiar música en una escuela estupenda. Mientras arreglo lo de la mudanza, le enviaré a mamá el dinero para que puedas retomar tus clases de clarinete.

Un gran abrazo de tu hermano y saluda a Mariana, quien seguro está contigo leyendo este correo.

Camilo

Detective del lenguaje ¿Cuál es la función de los paréntesis en el texto subrayado?

Acto 3

Todos juntos

Personajes

CAMILO
ALEJANDRO
EMA
NARRADOR

Escena 1

Escenario: *En una calle de la gran ciudad, Camilo está ayudando a Alejandro a bajarse de un autobús. Ema baja detrás de ambos con la silla de ruedas de Alejandro. Él le da un gran abrazo a su hermano mayor. Todos se ven muy alegres por estar juntos de nuevo.*

NARRADOR: Han pasado unos meses y la familia se ha mudado a la ciudad.

CAMILO: *(Con una gran sonrisa)* ¡Bienvenidos a la ciudad! No saben cuánto me alegra que la familia esté reunida de nuevo.

ALEJANDRO: ¿Adónde vamos a ir primero, Camilo?

CAMILO: Vamos a mi apartamento. *(Con intriga)* Les tengo preparada una sorpresa.

EMA: *(Sonriendo)* Acabamos de llegar y ustedes ya están haciendo planes. *(Con cara de cansancio)* Por ahora, vayamos al apartamento a dejar las valijas.

CAMILO: Mamá, sé que estás cansada, pero esta es una ocasión especial *(guardando un poco de silencio para generar suspenso)*, hoy vamos a escuchar a la orquesta sinfónica. ¡Mi jefe me regaló tres entradas!

ALEJANDRO: *(Con gran asombro)* ¡Ah! ¡Eres el mejor hermano mayor del mundo! ¡Tú sabes que siempre he soñado con ver la orquesta sinfónica en vivo!

CAMILO: *(Recogiendo las valijas)* Entonces vamos rápidamente a mi apartamento o, de otro modo, llegaremos tarde al teatro.

(La familia se sube a un taxi y este arranca. Después de recorrer varias calles de la ciudad, el automóvil se detiene frente a un edificio de apartamentos. Camilo ayuda a bajar a Alejandro, todos entran al edificio).

Detective del lenguaje	**Busca dos pronombres demostrativos en esta página.**

Escena 2

Escenario: *En la noche, Ema, Alejandro y Camilo, vestidos elegantemente, salen del edificio donde viven ahora. Hay un taxi público esperando frente a la puerta. Ema dobla la silla de ruedas mientras Camilo ayuda a subir a Alejandro al automóvil.*

CAMILO: *(Dirigiéndose al conductor del taxi)* Buenas noches, señor. Por favor, llévenos al teatro municipal.

(El taxi se dirige al destino que solicitó Camilo y después de dar varias vueltas por la ciudad se detiene frente a un gran teatro. Ema, Alejandro y Camilo se bajan del taxi y se preparan para entrar al edificio).

ALEJANDRO: ¡Yupi! Me siento muy emocionado por asistir a este concierto.

EMA: *(Abrazando a Camilo)* A mí también me encantó esta sorpresa, hijo. Por favor, agradécele a tu jefe de nuestra parte, fue muy amable al regalarte los boletos.

CAMILO: Y eso no es todo, inscribí a Alejandro en un concurso para jóvenes músicos, el premio es un año de estudios musicales en la mejor escuela de música de la ciudad.

EMA: *(Muy sorprendida)* ¿De verdad, Camilo? ¡Eso es maravilloso! Es una oportunidad única. De modo que, ¿cuándo es el concurso?

CAMILO: En un mes. Después les contaré todo. Ya es hora de entrar y disfrutar.

(Ema, Alejandro y Camilo entran al teatro. Las luces del escenario se apagan. Empieza a sonar la música).

Escena 3

Escenario: *Camilo, Ema y Alejandro están en su apartamento en la ciudad. Alejandro entra a la sala donde Camilo y Ema están sentados conversando. Alejandro está feliz por la llegada de un sobre.*

NARRADOR: Y unos meses después…

ALEJANDRO: *(Con gran emoción)* Mamá, Camilo, ¡llegaron los resultados del concurso de música!

CAMILO y EMA: ¿Y qué pasó? ¡Abre el sobre!

ALEJANDRO: ¡Gané! ¡Estudiaré en la escuela de música! ¡No lo puedo creer! ¡Qué felicidad! Le escribiré a Mariana para contarle, me imagino su emoción.

EMA: *(Dándole un gran abrazo a Alejandro y con una gran sonrisa en su rostro)* Siempre supimos que tenías mucho talento para la música. ¡Estamos muy orgullosos de ti!

ALEJANDRO: Gracias, mamá. Gracias, Camilo. *(Dirigiéndose a Ema)* ¡Este cambio de territorio resultó ser una idea estupenda!

CAMILO: Es verdad, me alegra habernos mudado y, más aún, que ustedes me hayan acompañado. *(Dirigiéndose a Alejandro)* Si sigues así, ¡serás un poderoso clarinetista!

ALEJANDRO: *(Riendo)* Gracias, Camilo. *(Dirigiéndose a la computadora)* Voy a escribirle a Mariana para contarle todo.

(Alejandro escribe en la computadora, al lado de Camilo).

ALEJANDRO: *(Dirigiéndose a Camilo)* Le enviaré este correo a Mariana, por favor, dime cómo te parece:

Querida Mariana:

¿Te acuerdas del concurso del que te comenté? Te cuento que lo gané y me dieron una beca para estudiar en la mejor escuela de música de la ciudad. Estoy muy feliz, y mi mamá y Camilo también. Venir a vivir a la ciudad fue una gran idea. Mi hermano está feliz con su trabajo, mi mamá pronto empezará a trabajar en una floristería, y yo... ¡gané el concurso! Además, la escuela me encanta, y tengo algunos amigos con quienes juego al baloncesto en los recreos.

Mi mamá, mi hermano y yo te extrañamos todos los días. Camilo me dice que en unos meses podremos ir a visitarte. Mientras tanto, escríbeme cada vez que puedas. Nos encanta leer tus correos electrónicos, ¡nos divierten tanto tus ocurrencias! Saluda a tus padres de nuestra parte.

Con mucho cariño,

Alejandro

CAMILO: Estoy seguro de que Mariana se va a poner feliz al recibir tu correo, ya sabes cómo le agrada la idea de tener un amigo clarinetista. *(Risas)* ¿Qué opinas si salimos un rato a jugar al baloncesto?

ALEJANDRO: ¡Estupenda idea!, ¡como siempre!

(Ambos se ríen y salen a jugar al baloncesto).

Respuesta a la lectura

Resumir

Usa los detalles importantes de *Vamos a la ciudad* para resumir la obra de teatro. Puedes usar el organizador gráfico como ayuda.

Causa → Efecto
→
→
→
→

Evidencia en el texto

1. ¿Cómo sabes que *Vamos a la ciudad* es una obra de teatro? Identifica tres características que te lo indiquen. **GÉNERO**

2. ¿Qué acontecimientos llevan a que Alejandro se mude a la ciudad? **CAUSA Y EFECTO**

3. En la página 4, en la oración "Hace tres meses debí dejarlas porque eran muy caras", y en la página 6, en la oración "Camilo tiene cara de tristeza", la palabra *cara* tiene diferente significado. ¿Qué significa la palabra *cara* en cada caso? **HOMÓGRAFOS**

4. Escribe acerca de cómo te sentirías si tu hermano o hermana mayor se muda a otra ciudad. **ESCRIBIR SOBRE LA LECTURA**

Género **Cuento exagerado**

Compara los textos

Lee acerca de un hombre valiente que alimentó a una temerosa tripulación.

VICENTE EL MARINO

Hace mucho tiempo, cuando las embarcaciones eran impulsadas por el viento y las velas, las personas creían que la Tierra era más plana que una moneda. Pero Vicente Yáñez, un corpulento marinero, escuchó que un tal Cristóbal Colón afirmaba que la Tierra era tan redonda como una naranja.

Vicente pensó: "¡Caramba! Si la Tierra es redonda, podríamos encontrar rutas más rápidas para ir a los territorios de las especias. Y yo, por fin, podría comer guisado con pimienta".

Illustration: Carlos Aón

Así que a Vicente se le ocurrió la maravillosa idea de construir tres grandes embarcaciones: La Pinta, La Niña y La Santa María. Como era tan hábil, lo hizo sin ningún tipo de ayuda, y en un solo día. Cuando finalizó fue a hablar con Cristóbal.

—Cristóbal, hoy construí tres embarcaciones para que vayamos a recorrer el mundo. Con tus conocimientos y con mi fuerza llegaremos a las tierras de las especias. Allí comeremos postres con canela. Volveré en una hora con mis hermanos y con marineros suficientes para llenar esos barcos.

Cuando Vicente llegó al puerto, pocos marineros lo apoyaron, pues se contaban fabulosas historias acerca de los monstruos marinos que se comían las embarcaciones de un solo bocado. Pero, como Vicente tenía la valentía y la fuerza de mil hombres, poco le importaban esas historias. Al fin logró convencer a suficientes marineros.

Salieron del puerto un día soleado. Pero a mitad del camino, Vicente y sus marineros ¡se quedaron sin comida! Los hombres temían pescar en el mar, pues imaginaban que un gran monstruo saldría y se los comería. Así que Vicente, con su gran fuerza y valentía, ¡se lanzó al mar! Salió diez minutos después con sus musculosos brazos llenos de pescados.

Illustration: Carlos Aón

Los marineros llevaban un mes navegando y ya estaban muy cansados. Si miraban arriba, veían el cielo azul; si miraban abajo, veían el mar azul. Y si miraban en la lejanía, también veían el horizonte azul. Ya estaban cansados de tanto azul y querían ver un poco de tierra firme. Llegaron a pensar que Cristóbal no tenía razón y que la Tierra era más plana que una tabla.

Pero, como Vicente tenía una visión ultrapoderosa, en medio de una noche oscura vio a lo lejos un montículo de tierra. Remó rápidamente mientras todos dcrmían. La embarcación donde estaba el valiente Vicente llegó esa misma noche, impulsada por los remos del marinero. Las otras dos lo hicieron al día siguiente.

Vicente pensó que había llegado a la tierra de las especias, pero llegó a un lugar mejor: América.

¿? Haz conexiones

¿Cuáles fueron los motivos por los que Vicente quería ir a otros territorios? **PREGUNTA ESENCIAL**

¿En qué se parecen Camilo de *Vamos a la ciudad* y Vicente de *Vicente el marino*? **EL TEXTO Y OTROS TEXTOS**

Enfoque:
Género

Obra de teatro Las obras de teatro son historias creadas para ser representadas por actores en un escenario. La historia se desarrolla a través del diálogo entre los actores. Las obras de teatro por lo general se dividen en actos, que a su vez están divididos en escenas. Al final de cada acto cae el telón en el escenario.

Lee y descubre *Vamos a la ciudad* tiene tres actos. El primer acto solo tiene una escena que está representada por los mismos personajes y transcurre en el mismo escenario. En cambio, el acto 3 tiene tres escenas porque la acción transcurre en diferentes escenarios: en la estación del autobús, en el trayecto al teatro y en la sala del apartamento.

Tu turno

Representa una escena de *Vamos a la ciudad* con tus compañeros. Elige una escena donde se enumeren las ventajas de mudarse. Después de la representación, invita a tus compañeros a contarle a la clase si han tenido experiencias parecidas a las de Alejandro.